IMPRIMERIE
CONTANT-LAGUERRE
LVX VITAM
BAR LE-DUC

OCCUPATION TEMPORAIRE

ET EXTRACTION DE MATÉRIAUX

pour l'exécution de travaux publics

Pour l'exécution facile des travaux publics (chemins de fer, routes, canaux, édifices publics, etc.), il peut être nécessaire à l'administration d'occuper *temporairement* des terrains avoisinant les travaux, α) soit pour y faire des fouilles en vue de préparer les projets de travaux, β) soit pour ramasser des matériaux à la surface du sol ou extraire des carrières qui s'y trouvent les matériaux nécessaires à la construction de l'ouvrage, γ) soit pour y installer des chantiers, des dépôts de matériaux, des voies d'accès.

L'administration a un premier procédé pour obtenir ces terrains : c'est l'entente avec les propriétaires intéressés.

Mais il se peut que ceux-ci refusent l'occupation, la permission de faire des fouilles, d'extraire des matériaux, ou demandent, pour l'octroi de ces autorisations, des sommes tellement exagérées que le travail deviendrait pratiquement inexécutable, à raison des dépenses qui en résulteraient.

La mission d'intérêt général que poursuit l'administration dans l'exécution des travaux publics explique que des pouvoirs particuliers soient conférés à ses agents en vue d'obtenir par un *acte unilatéral,* ce qu'une entente amiable ne peut lui donner ou ne lui donnerait qu'à un prix trop élevé. Voilà le point de départ du droit d'occupation temporaire et d'extraction de matériaux (1).

(1) L'art. 650 du Code civil déclare que « les servitudes établies pour l'utilité publique ou communale ont pour objet... *la construction ou réparation des chemins et autres ouvrages publics ou communaux* » et range ainsi les

A la condition que ce pouvoir soit entouré, dans son exercice, de garanties, en particulier d'une procédure protectrice et d'une juste indemnité, l'institution est excellente (1).

Le pouvoir d'occupation temporaire et d'extraction des matériaux est une institution très ancienne. Elle existait déjà sous l'Ancien régime. Dès 1566, nous trouvons une ordonnance de Charles IX (15 février 1566) accordant à un entrepreneur la faculté de prendre des matériaux pour le prolongement de la route d'Orléans.

Lorsque, dans la seconde moitié du XVIIe siècle et au XVIIIe siècle, les travaux des routes prirent une grande extension, des arrêts du Conseil régularisèrent l'exercice de ce pouvoir. Citons en particulier *l'arrêt du Conseil du 7 septembre* 1755 qui *a*) conférait aux entrepreneurs du pavé de Paris ainsi qu'à ceux des autres ouvrages ordonnés par les ponts et chaussées et chemins du Royaume le *pouvoir de prendre la pierre*, *le grès*, *le sable et autres matériaux pour l'exécution des ouvrages* dont ils étaient adjudicataires et *b*) se préoccupait en même temps de donner aux particuliers des *garanties* dont les principales étaient les suivantes : α) L'extraction n'était pas possible dans les terrains clos ; β) Les entrepreneurs ne pouvaient se servir des matériaux que pour l'exécution des travaux dont ils étaient adjudicataires, à peine de sanctions pénales et dommages-intérêts ; γ) Pleine et entière indemnité était accordée aux propriétaires des terrains sur lesquels les matériaux dont il s'agit avaient été pris.

Dans ses grandes lignes, cette législation fut maintenue en vigueur et développée par de nombreux textes, en particulier par les lois du 11 septembre 1790 (art. 4), du 28 septembre-6 octobre 1791 (titre VI, art. 1er), du 28 pluviôse an VIII (art. 4), par le Code civil

occupations temporaires et extractions de matériaux parmi les *servitudes d'utilité publique*. Néanmoins, comme le droit de l'administration se rattache non pas à l'ouvrage public en construction considéré comme fonds dominant mais à l'opération de travaux publics elle-même, certains auteurs, M. Laferrière notamment, y voient non pas une servitude, mais une sorte de *réquisition* analogue à une *location forcée*.

(1) Le problème à résoudre est le même, on le voit, que celui qui se pose pour *l'expropriation pour cause d'utilité publique*.

Seulement, tandis que le droit d'exproprier des immeubles est absolument indispensable à l'administration pour l'exécution des travaux publics, l'occupation temporaire et l'extraction de matériaux ne présentent pas pour elle le même degré de nécessité. Si l'administration, par exemple, ne pouvait occuper des terrains avoisinant les travaux pour en extraire des matériaux, elle n'en pourrait pas moins exécuter ces travaux, elle se trouverait seulement obligée d'acheter plus cher les matériaux nécessaires à leur exécution. — On conçoit dès lors que des garanties plus fortes qu'en matière d'expropriation soient données ici aux particuliers.

(art. 650), par les lois du 16 septembre 1807 (art. 54 et s.), du 21 mai 1836 (art. 17) et du 20 août 1881 (art. 14). Mais à la longue, elle parut insuffisante :

1° Les textes étaient trop nombreux et souvent trop vagues ;

2° D'autre part, ils présentaient de sérieuses lacunes. Ainsi :

α) Ils ne visaient d'une manière générale que le pouvoir *d'extraction* ; celui *d'occupation temporaire* était prévu seulement par des lois spéciales pour des travaux spéciaux (l. 30 mars 1831, fortifications ; l. 21 mai 1836, art. 17, chemins vicinaux ; l. 20 août 1881, art. 14, chemins ruraux), de sorte qu'on pouvait en nier le caractère général.

β) Ils ne visaient que le cas de travaux de *voirie* et l'on pouvait douter que le pouvoir de l'administration s'étendît à tous les travaux publics.

γ) Enfin, la question de l'indemnité semblait mal réglée : La loi du 16 septembre 1807, art. 55, distinguait, pour l'*indemnité d'extraction*, suivant que la carrière était ou non déjà en exploitation. L'indemnité n'était accordée *que s'il y avait déjà exploitation*. Si la carrière n'était pas déjà en exploitation, le propriétaire, dans la pensée du législateur, ne subissait — puisqu'il ignorait l'existence de la carrière ou n'en usait pas — d'autre préjudice que celui résultant de la privation de jouissance de la superficie : voilà donc ce à quoi il avait uniquement droit. C'était là une solution que l'on déclarait injuste, car, disait-on, le propriétaire d'un fonds est propriétaire du dessus et du dessous ; il doit être indemnisé pour tout le préjudice causé.

Le résultat de toutes ces critiques a été de pousser le législateur à reprendre la question et à la régler dans un texte unique plus en harmonie avec l'état social. C'est l'objet de la *loi du 29 décembre* 1892, *« sur les dommages causés à la propriété privée par l'exécution des travaux publics »*.

Cette loi confère à l'administration tous les pouvoirs qui lui sont nécessaires pour l'exécution rapide et aussi économique que possible des travaux plublics et, d'autre part, accorde aux particuliers des garanties très sérieuses afin que ces pouvoirs ne soient pas exercés arbitrairement et qu'une juste indemnité soit payée.

Ce sont les deux points à développer.

I

Pouvoirs de l'administration.

L'administration a reçu de la loi de 1892 tous les pouvoirs qui lui sont nécessaires pour l'exécution rapide et économique des travaux publics. Son pouvoir d'occupation temporaire et d'extraction des matériaux a une portée *très large*. Cela apparaît à un triple point de vue :

1° — L'administration a le pouvoir : *a*) **de pénétrer dans les propriétés privées** pour y exécuter les *opérations nécessaires à l'étude des projets* de travaux publics, *b*) **d'occuper temporairement un terrain** soit pour en *extraire* ou y *ramasser* des matériaux, soit pour y fouiller ou y faire des *dépôts de terre*, soit pour *tout autre objet relatif à l'exécution des projets de travaux publics* (l. 1892, art. 1 et 3).

2° — Le pouvoir de l'administration existe pour tous travaux publics quels qu'ils soient : civils ou militaires (l. 1892, art. 1 et 3), mais il *n'existe qu'autant qu'il s'agit de* TRAVAUX PUBLICS PROPREMENT DITS.

L'expression « travaux publics » a, en droit administratif français, une signification précise : Pour qu'il y ait « travaux publics » 3 conditions doivent se trouver RÉUNIES :

a) *Il faut que les travaux soient effectués* PAR L'ADMINISTRATION *ou* POUR LE COMPTE DE L'ADMINISTRATION.

b) *Il faut qu'il y ait travail* (de construction, de réparation ou d'entretien) SUR UN IMMEUBLE. Si le travail porte sur un meuble, il y a *fourniture*.

c) *Il faut que ce travail soit fait* DANS UN INTÉRÊT D'UTILITÉ PUBLIQUE. Un travail fait sur un immeuble *dans l'intérêt privé* de l'État, des départements, des communes et établissements publics (construction d'un chemin forestier, travail ayant pour objet l'amélioration de propriétés rurales ou urbaines) n'est pas un travail public.

Mais il ne faut pas confondre travaux faits *dans l'intérêt privé* et travaux faits *sur le domaine privé* : Des travaux effectués sur le domaine privé sont des travaux publics *s'ils sont exécutés dans un intérêt d'utilité publique.* Ex. : travaux de reconstruction des bâtiments d'un établissement d'eaux thermales appartenant à l'Etat (C. d'Etat, 8 mars 1866, Lafond). Et pour savoir s'il y a travail dans un intérêt d'utilité publique, il suffit de rechercher si l'expropriation pour cause d'utilité publique serait possible.

Dans ses art. 19 et 20, la loi du 13 avril 1900 a fait une application de l'occupation temporaire aux *travaux* de triangulation, d'arpentage ou de nivellement faits pour le compte de l'Etat, des départements ou des communes et à l'*installation* des bornes ou signaux destinés à marquer les points trigonométriques et autres repères nécessaires à ces travaux.

3° – **Toutes les administrations publiques ont le pouvoir d'occupation temporaire et d'extraction de matériaux,** non seulement l'*Etat,* les *départements,* les *communes,* les *colonies,* mais aussi les *établissements publics* (l. 1892 art. 1 et 3).

En outre, la loi a conféré *à titre exceptionnel* le pouvoir d'occupation temporaire et d'extraction des matériaux, notamment : *a*) aux *associations syndicales autorisées* que certains auteurs considèrent comme des établissements d'utilité publique (l. 21 juin 1865 mod. par la loi du 22 décembre 1888) ; *b*) aux *explorateurs qui recherchent des mines* ainsi qu'aux *concessionnaires de mines* (l 21 avril 1810, art. 10).

Le pouvoir qui appartient à l'administration est exercé soit par les agents administratifs eux-mêmes, soit par les entrepreneurs ou concessionnaires, suivant le mode d'exécution des travaux publics (régie, entreprise ou concession).

Quel que soit celui qui l'exerce, une sanction pénale frappe les individus qui voudraient s'opposer à son exercice. L'art. 438 C. pén. punit quiconque par des voies de fait, s'oppose à la confection des travaux autorisés par le Gouvernement.

II

Garanties des particuliers

Les garanties accordées aux particuliers sont multiples. On peut les énumérer autour des 3 chefs suivants :

1° Les pouvoirs de l'administration ne peuvent s'exercer que sur certains terrains, les matériaux extraits ne peuvent être employés qu'à l'exécution des travaux publics spécialement prévus, et l'occupation ne peut se prolonger indéfiniment.

2° Les pouvoirs de l'administration ne peuvent être ramenés à effet qu'après une procédure protectrice, et des recours juridictionnels sont donnés aux particuliers en cas d'irrégularités.

3° Enfin et surtout, l'occupation temporaire et l'extraction de matériaux donnent lieu à indemnité.

I. — Les pouvoirs de l'administration ne peuvent s'exercer que sur certaines propriétés, pour l'exécution des travaux publics spécialement prévus, et l'occupation ne peut se prolonger indéfiniment.

1° *Les pouvoirs de l'administration cessent dès que le dommage à causer aux particuliers serait* TROP CONSIDÉRABLE (l. 1892, art. 1 et 2).

Il faut, à cet égard, distinguer deux cas :

a) *Exécution des opérations nécessaires à l'étude des projets de travaux publics* (l. 1892 art. 1er). — Dans cette hypothèse, l'introduction des agents de l'administration ou des particuliers à qui elle délègue ses droits ne peut être autorisée *à l'intérieur des maisons d'habitation*. Dans les autres *propriétés closes*, elle est possible, et *a fortiori* l'est-elle aussi dans les propriétés *non closes*.

b) *Exécution des travaux publics* (l. 1892, art 2). — Dans cette hypothèse, aucune occupation temporaire de terrain ne peut avoir lieu non seulement *à l'intérieur des maisons d'habitation*, mais encore *à l'intérieur des propriétés* ATTENANT *aux habitations* **et** CLOSES par des murs ou par des clôtures équivalentes, suivant les usages du pays. — Il suit de là que l'occupation n'est possible que α) sur les *terrains non clos* et β) sur les *terrains clos lorsqu'ils ne sont pas attenants* à des habitations.

2° *Les pouvoirs de l'administration ne peuvent être exercés que pour l'exécution des travaux publics* SPÉCIALEMENT PRÉVUS (l. 1892 art. 16).

En particulier, les matériaux dont l'extraction est autorisée ne peuvent, *sans le consentement écrit du propriétaire*, être employés soit à *l'exécution de travaux privés*, soit à *l'exécution de travaux publics autres que ceux en vue desquels l'autorisation a été accordée.*

3° *L'occupation ne peut être que* TEMPORAIRE ; *elle ne peut être prolongée indéfiniment* (l. 1892, art. 9).

L'occupation des terrains ou des carrières nécessaires à l'exécution des travaux publics ne peut être ordonnée pour un délai *supérieur à 5 années* (1). Si l'occupation doit se prolonger au delà de ce délai, il faut que l'administration obtienne le consentement du propriétaire, et, à défaut d'accord amiable, elle doit procéder à l'expropriation dans les formes de la loi du 3 mai 1841. De son côté, le propriétaire peut requérir l'expropriation au cas où l'administration continuerait son occupation au delà du délai de 5 ans.

II. — L'administration doit suivre une procédure protectrice (l. 1892, art. 1 et 3 à 8), **et des recours juridictionnels sont donnés aux particuliers en cas d'irrégularités.**

A. — *L'occupation temporaire et l'extraction de matériaux ne peuvent avoir lieu qu'après : a) autorisation préfectorale, b) avertissement donné aux intéressés, et c) — dans le cas où, sur cette notification, l'intéressé ne s'entendrait pas à l'amiable avec l'administration — après constatation contradictoire de l'état des lieux avant tout dommage* :

1° — *Autorisation préfectorale préalable.*

Les agents administratifs ou les particuliers à qui l'administration a délégué ses pouvoirs ne peuvent pénétrer dans une propriété soit pour y faire des études, soit en vue d'une occupation, soit en vue d'extraire ou de ramasser des matériaux sans une autorisation spéciale du préfet. L'arrêté préfectoral d'autorisation doit indiquer, *d'une manière très précise*, ce que les agents administratifs auront le pouvoir de faire :

a) S'il s'agit d'autoriser la pénétration dans des propriétés privées en vue d'ÉTUDES à faire, l'arrêté préfectoral indique les *communes sur le territoire desquelles ces études doivent être faites*. Ce n'est que dans ces communes que le pouvoir des agents administratifs pourra s'exercer (l. 1892, art. 1er).

b) S'il s'agit d'autoriser une OCCUPATION TEMPORAIRE ou L'EXTRACTION ou le RAMASSAGE DE MATÉRIAUX, l'arrêté préfectoral indique non seulement le *nom de la commune* où le terrain à occuper est situé, mais encore : α) les *numéros que les parcelles dont il se compose portent sur le plan cadastral*, β) *le nom du propriétaire tel qu'il est inscrit sur la matrice des rôles*, γ) les *travaux à raison desquels l'occupation est ordonnée*,

(1) Des arrêtés de renouvellement d'autorisation peuvent intervenir, mais à la condition que la durée totale des occupations successives n'excède pas 5 années.

δ) les *surfaces sur lesquelles elle doit porter*, ε) la *nature* et la *durée de l'occupation* et ζ) la *voie d'accès*. Un plan parcellaire désignant par une teinte les terrains à occuper est annexé à l'arrêté, — à moins que l'occupation n'ait pour but exclusif le *ramassage* des matériaux (l. 1892, art. 3).

c) Tout arrêté qui autorise des études ou une occupation temporaire est périmé *de plein droit* s'il n'est suivi d'exécution *dans les 6 mois de sa date* (l. 1892, art. 8).

2° — *Avertissement donné aux intéressés de l'arrêté préfectoral d'autorisation.*

La notification de l'arrêté du préfet est **collective** dans 2 cas :

α. S'il s'agit de pénétrer dans des propriétés *non closes* en vue D'ÉTUDES à faire, la notification collective se fait par voie d'*affichage* à la mairie des communes intéressées (l. 1892, art. 1er).

β. S'il s'agit d'occupation temporaire ayant pour objet exclusif le RAMASSAGE DES MATÉRIAUX *à la surface du sol*, la notification collective se fait par voie d'*affichage* et de *publication à son de caisse ou de trompe* dans la commune (l. 1892, art. 6).

La notification de l'arrêté préfectoral d'autorisation doit être **individuelle** dans tous les autres cas :

a) S'il s'agit de pénétrer dans un terrain *clos* en vue d'ÉTUDES à faire, indépendamment de l'affichage de l'arrêté à la mairie de la commune intéressée, notification individuelle doit être faite au propriétaire, ou en son absence au gardien de la propriété, à défaut à la mairie (l. 1892, art. 1er).

b) S'il s'agit d'OCCUPATION TEMPORAIRE ou d'EXTRACTION DES MATÉRIAUX, la loi détermine minutieusement les formes de la notification (l. 1892, art. 4) :

α. Le préfet, après avoir rendu son arrêté, en envoie une ampliation, ainsi que du plan annexé, au *chef du service public compétent* et au *maire de la commune*. Si l'administration ne doit pas occuper elle-même le terrain, le chef de service compétent remet une copie certifiée de l'arrêté à la personne à laquelle elle a délégué ses droits.

β. *Le maire notifie l'arrêté au propriétaire* du terrain, ou, si celui-ci n'est pas domicilié dans la commune, au fermier, locataire, gardien ou régisseur de la propriété. Il y joint une copie du plan parcellaire et garde l'original de cette notification. S'il n'y a dans la commune personne ayant qualité pour recevoir la notification, celle-ci est valablement faite *par lettre chargée* adressée au dernier domicile connu du propriétaire.

γ. Enfin *l'arrêté et le plan parcellaire restent déposés à la mairie* pour être communiqués sans déplacement aux intéressés sur leur demande.

3° — *Constatation contradictoire de l'état des lieux, avant tout dommage — à défaut d'accord amiable intervenu sur la notification collective ou individuelle de l'arrêté du préfet.*

C'est là une garantie extrêmement précieuse et que la loi règle avec minutie.

a) S'agit-il d'ÉTUDES à faire : les agents administratifs ou les particuliers autorisés par l'administration peuvent pénétrer dans les propriétés privées 10 *jours après l'affichage* de l'arrêté préfectoral d'autorisation à la mairie des communes intéressées s'il s'agit de propriétés *non closes*, — 5 *jours après la notification individuelle* au propriétaire s'il s'agit d'un terrain *clos*. Si personne ne se présente pour permettre l'accès, ils devront, *s'il s'agit d'une propriété close*, requérir l'*assistance du juge de paix*. Dans tous les cas, il ne pourra être abattu d'arbres fruitiers, d'ornement ou de haute futaie avant qu'un accord amiable ne soit établi sur leur valeur, ou qu'**à défaut de cet accord**, il ait été procédé à une *constatation contradictoire* destinée à fournir les éléments nécessaires pour l'évaluation des dommages.

b) L'occupation temporaire a-t-elle pour objet exclusif le RAMASSAGE DES MATÉRIAUX à la surface du sol, il doit être procédé, **à défaut de convention amiable**, à une constatation contradictoire de l'état des lieux qui ne pourra avoir lieu que 10 *jours* après la *notification collective* de l'arrêté du préfet par voie *d'affichage* **et** de *publication* à son de caisse ou de trompe dans la commune (l. 1892, art. 6).

c) S'agit-il d'OCCUPATION TEMPORAIRE ou d'EXTRACTION DE MATÉRIAUX, **à défaut de convention amiable**, la loi prescrit aussi, *préalablement* à toute occupation de terrains, une *constatation contradictoire* de l'état des lieux :

α. Il faut d'abord aviser le propriétaire : A cet effet, le chef de service ou la personne à laquelle l'administration a délégué ses pouvoirs *doit faire au propriétaire du terrain une notification par lettre recommandée*, indiquant le jour et l'heure où il compte se rendre sur les lieux ou s'y faire représenter. Il l'invite à s'y trouver ou à s'y faire représenter lui-même pour procéder contradictoirement à la constatation de l'état des lieux. En même temps, il informe *par écrit* le *maire de la commune* de la notification par lui faite au propriétaire. Si le propriétaire n'est pas domicilié dans la commune, la notifica-

tion est faite au fermier, locataire, gardien ou régisseur de la propriété et s'il n'y a dans la commune personne ayant qualité pour recevoir la notification, celle-ci est valablement faite par *lettre chargée* adressée au dernier domicile connu du propriétaire (l. 1892, art. 5), Entre cette notification et la visite des lieux, il doit y avoir un intervalle de 10 *jours* au moins.

β. Le propriétaire étant ainsi averti, *au jour fixé on se rend sur les lieux* (1) :

A défaut par le propriétaire de se faire représenter sur les lieux, le maire lui désigne d'office un représentant pour opérer contradictoirement avec celui de l'administration ou de la personne au profit de laquelle l'occupation a été autorisée.

Le *procès-verbal* de l'opération qui doit fournir les éléments nécessaires pour évaluer le dommage, est dressé en 3 expéditions destinées, l'une à être déposée à la mairie et les 2 autres à être remises aux parties intéressées.

Si les parties ou leurs représentants sont d'accord, les travaux autorisés par l'arrêté peuvent être commencés aussitôt. — En cas de *désaccord sur l'état des lieux*, la partie la plus diligente saisit le Conseil de préfecture et les travaux ne pourront commencer qu'après que le Conseil aura rendu sa décision (l. 1892, art. 7).

B. — *Les intéressés peuvent faire valoir des recours juridictionnels au cas où la procédure serait irrégulière :*

a) D'une part, *contre l'arrêté préfectoral d'autorisation*, un recours en annulation peut être porté devant le *Conseil de préfecture*, sauf appel devant le Conseil d'Etat. C'est le Conseil de préfecture qui est compétent, parce que nous sommes en matière de travaux publics. — Par suite, à raison de la théorie du recours parallèle, le recours pour excès de pouvoir devant le Conseil d'Etat n'est pas possible.

b) D'autre part, il se peut que : α) l'occupation temporaire ou l'extraction des matériaux *n'ait pas été précédée de l'autorisation préalable*, ou que β) l'occupation *ait eu lieu au delà des limites de l'autorisation* (les matériaux extraits ont été par ex. employés sans le consentement écrit du propriétaire pour des travaux privés ou pour des travaux publics autres que ceux autorisés), ou encore que,

(1) Il est procédé à la visite des lieux dans des conditions absolument identiques, lorsque l'occupation a pour objet exclusif le *ramassage des matériaux* (l. 1892 art. 5, 6 et 7).

l'occupation ayant été autorisée, *les formalités de la procédure n'aient pas été suivies exactement.*

Dans ces 3 cas, il y a voie de fait, faute personnelle mettant en jeu la responsabilité de l'agent ou du particulier auquel l'administration a délégué ses droits ; cette responsabilité sera appréciée par les tribunaux civils ou correctionnels.

α) L'agent administratif ou le particulier sera obligé de payer la *valeur des matériaux extraits* et des dégâts causés (compétence des tribunaux judiciaires) ;

β) De plus, la loi prévoit expressément une *sanction pénale* (*amende*) prononcée par les tribunaux correctionnels (l. 1892, art. 16).

III. — Une dernière garantie accordée aux particuliers, c'est l'indemnité (l. 1892, art. 1 *in fine* et 10 et s).

La loi insiste longuement sur cette garantie. Sa préoccupation est double : *a*) Il faut qu'une juste indemnité soit allouée aux ayants droit ; *b*) Il faut que cette indemnité soit certainement et promptement payée (1).

(1) En ce qui concerne les règles relatives à l'indemnité, la loi du 29 décembre 1892 s'est visiblement inspirée de la loi du 3 mai 1841 sur l'expropriation. Et cela est naturel : L'expropriation ressemble à une *vente forcée*, l'occupation temporaire à un *louage forcé*. Le problème qui se pose dans l'une et l'autre hypothèse est le même. C'est ce qui explique les *ressemblances* suivantes :

a) Les ayants droit que le propriétaire est tenu de faire connaître pour permettre le règlement de l'indemnité sont les mêmes dans les 2 cas (l. 1841, art. 21 § 1 ; l. 1892, art. 11) (V. *infrà*, p. 12).

b) Les règles relatives aux améliorations faites dans le but d'obtenir une indemnité plus élevée sont les mêmes (l. 1841, art. 52 ; l. 1892 art. 15) (v. *infrà*, p. 14).

c) Les règles relatives à la compensation des plus-values sont également identiques (l. 1841, art. 51 ; l. 1892, art. 14) (V. *infrà*, p. 14).

d) Ajoutons que les plans, procès-verbaux, certificats, significations, jugements, contrats, quittances et autres actes faits en vertu de la loi de 1841 et de la loi de 1892 sont *visés pour timbre et enregistrés gratis*, quand il y a lieu à la formalité de l'enregistrement (l. 1841, art. 58 § 1 ; l. 1892, art. 19).

Toutefois, il y a des *différences* :

1° L'indemnité est fixée par le *Conseil de préfecture* et non par le Jury (V. *infrà*, p. 12).

2° Le paiement n'est pas préalable et, pratiquement, il ne pourrait l'être. (V. *infrà*, p. 14). Ceci entraîne quelques conséquences qu'on ne trouve naturellement pas en matière d'expropriation :

a) Prescription de l'action en indemnité par un délai de 2 ans (V. *infrà*, p. 14).

b) Privilège des ayants droit sur les fonds déposés dans les caisses publiques pour être délivrés aux particuliers auxquels l'administration a délégué ses droits et, en cas d'insolvabilité de ces derniers, recours subsidiaire contre l'administration (V. *infrà*, p. 15).

A. — UNE JUSTE INDEMNITÉ DOIT ÊTRE ALLOUÉE AUX AYANTS DROIT.

Pour que la fixation de l'indemnité soit juste, il faut : 1° que, si la question de l'indemnité est portée devant un juge, tous les ayants droit soient connus de l'administration afin qu'ils soient tous mis en cause, 2° que l'indemnité soit fixée d'une manière complète, c'est-à-dire qu'elle soit égale au préjudice causé, ni plus ni moins.

1° — La question de l'indemnité ne sera pas toujours portée devant un juge. Si, en effet, les parties sont d'accord, aucune difficulté ne se présente. La loi prescrit d'ailleurs que l'on essaie de s'entendre à l'amiable. Si la tentative d'accord amiable réussit, tout est fini : il n'y a qu'à appliquer la convention. Ce n'est donc qu'**à défaut d'accord amiable** que l'on va devant le juge qui, dans l'espèce, est le *Conseil de préfecture*. Le Conseil de préfecture sera saisi par la partie la plus diligente : administration ou ayant droit à indemnité (art. 1 *in fine* et 10).

Mais, *avant qu'il soit procédé au règlement de l'indemnité, il est essentiel de connaître* TOUS *les ayants droit à indemnité :* propriétaire, fermiers, locataires, etc., *afin qu'ils soient tous mis en cause* et que l'on puisse ainsi fixer définitivement les indemnités dues à chacun d'eux L'administration les connaîtra grâce aux dispositions suivantes :

1° *Le propriétaire* — tout au moins le propriétaire apparent — est connu. Son nom est inscrit sur la matrice des rôles. Il a été mêlé à la procédure par les notifications individuelles ou collectives qui lui ont été faites soit de l'arrêté préfectoral soit de l'invitation à fin de constatation contradictoire de l'état des lieux (1).

2° Quant aux autres intéressés, ils sont avertis par la publicité qui a été faite autour de l'arrêté préfectoral d'autorisation. Ils sont forclos contre l'administration ou son délégué s'ils ne se sont pas fait connaître avant le règlement définitif de l'indemnité, c'est-à-dire en principe au plus tard 2 *ans après le moment où a cessé l'occupation* (l. 1892. art. 17) (2).

Mais, parmi ces intéressés, il en est que le propriétaire connaît certainement : ce sont les *fermiers*, les *locataires*, les *colons partiaires*, ceux *qui ont des droits d'usufruit ou d'usage tels qu'ils sont réglés par le Code civil*, et *les titulaires de servitudes résultant des titres mêmes du propriétaire ou d'autres actes dans lesquels il serait intervenu*. Ces ayants droit *que le propriétaire connaît certainement*, il est tenu de *les mettre*

(1) V. *suprà*, p. 8 et 9.
(2) V. *infrà*, p. 14.

lui-même en cause ou de les faire connaître à l'administration ou au particulier délégué par elle, α) soit *dans la demande introductive d'instance* s'il saisit lui-même le Conseil de préfecture pour obtenir le règlement de l'indemnité, β) soit *dans un délai de quinzaine à compter de l'assignation qui lui est adressée*, si c'est l'administration qui a saisi le Conseil (l. 1892, art. 11). — Dans le cas où le propriétaire ne les a pas mis en cause, il reste *seul* chargé envers eux des indemnités qu'ils pourront réclamer : s'il est insolvable, ces intéressés supporteront son insolvabilité, sans recours subsidiaire contre l'administration ou son délégué. Il n'y aurait de *recours subsidiaire* possible contre l'administration en cas d'insolvabilité du propriétaire, que si l'administration ou son délégué *avaient omis de faire afficher dans la commune et de faire insérer dans un journal du département l'arrêté autorisant l'occupation*, et encore ce recours subsidiaire ne pourrait-il alors être exercé que pendant le délai de 2 ans à compter du moment où a cessé l'occupation (l. 1892, art. 12) (1).

2° — L'indemnité que le Conseil de préfecture est appelé à fixer doit réparer *tout le préjudice, mais rien que le préjudice causé.*

1° Tout *le préjudice causé.* — L'indemnité est due pour les dommages causés par les *études des projets* de travaux publics (l. 1892, art. 1er § 5), en particulier pour les arbres fruitiers, d'ornement ou de haute futaie abattus, aussi bien que pour les dommages résultant de l'*occupation temporaire* (privation de jouissance et dégâts causés au terrain), de l'*extraction des matériaux* des carrières, ou simplement du *ramassage des matériaux* à la surface du sol.

Dans l'évaluation de l'indemnité, il doit être tenu compte tant du dommage fait à la surface que de la valeur des matériaux extraits (l. 1892, art. 13, § 1).

2° Rien que *le préjudice causé.* — S'il est juste que tout le préjudice causé soit réparé, il convient, d'autre part, que l'occupation ne soit pas, pour le propriétaire, une source de bénéfices exagérés. Dès lors :

a) S'agit-il d'extraction de matériaux, la valeur des matériaux sera estimée d'après les prix courants sur place, *sous une double déduction* : α. On fera d'abord abstraction de l'existence et des besoins de la route pour laquelle ils sont pris ou des constructions auxquelles on les destine. β. On devra aussi tenir compte — pour les déduire,

(1) Ceci est une innovation de la loi de 1892. On ne retrouve pas ce recours subsidiaire en matière d'expropriation.

— des frais de découverte et d'exploitation (l. 1892, art. 13, § 2).

b) S'agit-il de matériaux ramassés à la surface et *n'ayant d'autre valeur que celle qui résulte du travail de ramassage*, l'indemnité ne devra être calculée que sur le dommage causé à la surface (l. 1892, art. 13, § 3).

c) Les constructions, plantations et améliorations ne donneront lieu à aucune indemnité lorsque, à raison de l'époque où elles auront été faites ou de toute autre circonstance, il peut être établi qu'elles ont été faites dans le but d'obtenir une indemnité plus élevée (l. 1892, art. 15).

d) Si l'exécution des travaux doit procurer une augmentation de valeur *immédiate* et *spéciale* à la propriété, cette augmentation sera prise en considération dans l'évaluation du montant de l'indemnité (l. 1892, art. 14) (1).

B. — L'INDEMNITÉ DUE A RAISON DE L'OCCUPATION TEMPORAIRE OU DE L'EXTRACTION DE MATÉRIAUX DOIT ÊTRE PROMPTEMENT RÉGLÉE ET SUREMENT PAYÉE.

1° PROMPTEMENT *réglée*. – Le réglement doit avoir lieu *immédiatement après la fin de l'occupation* temporaire des terrains, si les travaux doivent durer une seule année. S'ils doivent durer plusieurs années, le règlement doit intervenir *à la fin de chaque campagne*, c'est-à-dire à la fin de chaque année.

Si l'administration ne provoque pas le règlement spontanément, les intéressés, nous l'avons vu, peuvent saisir eux-mêmes le Conseil de Préfecture (l. 1892, art. 10). Ils doivent d'ailleurs ne pas perdre de vue que leur action en indemnité serait prescrite s'ils n'agissaient pas dans le *délai de 2 ans* (2) à compter du moment où cesse l'occupation (3) (l. 1892, art 17).

2° SUREMENT *payée*. — Si le débiteur de l'indemnité est l'administration, il n'y a pas de garantie spéciale de paiement, car l'administration est *solvable et honnête homme* : elle peut et veut payer ce qu'elle

(1) C'est un cas de *plus-value indirecte*, que l'administration recouvre par voie d'exception, en moins payant.

(2) Lorsqu'un dommage a été causé par l'exécution de travaux de triangulation, d'arpentage ou de nivellement ou par l'installation de bornes ou signaux destinés à marquer les points trigonométriques et autres repères nécessaires à ces travaux, l'action en indemnité est prescrite par un *délai de 1 an* à partir du jour où le dommage a été causé (l. 13 avril 1900, art. 20).

(3) C'est une généralisation de la règle inscrite dans la loi du 21 mai 1836, art. 18 sur les chemins vicinaux, pour les *terrains* qui ont servi à la confection des chemins vicinaux (l. 1836 art. 15).

doit. — Mais le débiteur de l'indemnité peut être le particulier auquel l'administration a délégué ses droits, et ce particulier peut être insolvable. La loi de 1892 met les ayants droit à indemnité à l'abri des risques d'insolvabilité par les dispositions suivantes :

α) Les propriétaires des terrains occupés ou fouillés et les autres ayants droit ont, pour le recouvrement des indemnités qui leur sont dues, *privilège et préférence* à tous les créanciers sur les fonds déposés dans les caisses publiques pour être délivrés aux entrepreneurs ou autres personnes auxquelles l'administration a délégué ses droits : Ce privilège s'exerce dans les conditions de la loi du 25 juillet 1891 (l. 1892, art. 18, § 1) et par conséquent, ne passe qu'après celui des ouvriers pour le paiement des sommes dues à ces derniers *pour salaires.*

β) En cas d'insolvabilité des particuliers auxquels l'administration a délégué ses droits, les propriétaires et autres ayants droit peuvent former un *recours subsidiaire* contre l'administration qui doit les indemniser intégralement (l. 1892, art. 18, § 2).

IV. — La procédure réglée par la loi de 1892 suppose que l'administration n'est pas pressée par le temps pour l'exécution des travaux publics entrepris. Lorsqu'il s'agit de TRAVAUX DE FORTIFICATIONS URGENTS, **cette procédure n'est pas assez expéditive.**

Les préoccupations d'ordre général ont fait établir des **règles exceptionnelles** pour cette hypothèse particulière.

La loi du 29 décembre 1892 prévoit elle-même qu'elle ne s'applique pas et qu'il faut appliquer au contraire la *loi du* 30 *mars* 1831.

Mais si la procédure est différente à cause de l'urgence, les idées générales sont les mêmes. Aux pouvoirs de l'administration s'opposent les garanties accordées aux administrés. Les pouvoirs de l'administration sont ceux que nous avons vus plus haut. Il n'y a rien à ajouter. C'est à propos des garanties aux particuliers qu'apparaissent des règles spéciales :

1° — L'occupation temporaire ne peut avoir lieu que pour des propriétés *non bâties* et ne peut se prolonger au delà de 3 *ans*.

2° — L'*autorité judiciaire,* constituée par la loi de 1831 gardienne de la propriété privée, intervient d'une manière active dans la procédure (1).

(1) On suit la même procédure qu'au cas d'expropriation (l. 30 mars 1831),

a) Le décret ordonnant les travaux déclare en même temps qu'il y a *urgence.*

b) Le procureur de la République, sur la demande du préfet, requiert *de suite* du Tribunal la nomination d'un Juge commissaire pour se transporter sur les lieux et celle d'un expert. Dans les 24 heures de sa nomination le Juge commissaire fixe la date du transport sur les lieux qui doit s'effectuer *dans les 10 jours.* Le maire de la commune dûment avisé convoque au moins 5 jours à l'avance, sur les indications qui lui sont fournies par l'agent militaire chargé de l'exécution des travaux, les personnes dont les propriétés se trouvent engagées dans les travaux entrepris

c) Au jour fixé pour la descente sur les lieux :

α. L'agent militaire détermine en présence de tous le périmètre des terrains dont l'occupation momentanée est nécessaire, et le plan parcellaire des terrains à occuper est aussitôt levé par un agent de l'administration des domaines et un expert désignés par le préfet (1).

β. Deux procès-verbaux sont dressés, l'un *descriptif et estimatif* par l'expert nommé par le Tribunal, l'autre *constatant l'accomplissement des formalités légales* par le Juge commissaire.

d) L'administration fait alors une tentative d'accord amiable :

α. Si les intéressés consentent à l'occupation qui leur est demandée, on en dresse acte et tout est fini.

β. *A défaut d'accord amiable*, le Tribunal civil, sur le vu des procès-verbaux dont nous venons de parler, autorise l'administration à se mettre en possession des terrains.

3° — Deux indemnités sont allouées : α) l'une *annuelle* représentative de la valeur locative de la propriété et du dommage qui résulte du fait de la dépossession, β) l'autre pour les détériorations causées par les travaux, qui est payée *après la remise des terrains.*

Ces deux indemnités sont fixées par le *Jury d'expropriation* (l. 3 mai 1841, art. 76).

observation faite que l'expropriation peut porter à la fois sur les propriétés *bâties* et *non bâties*, tandis que l'occupation temporaire ne peut porter que sur ces dernières.

(1) En fait, le périmètre des terrains à occuper temporairement et le plan parcellaire sont établis à l'avance, de sorte que l'on n'a qu'à vérifier les points sur lesquels des réclamations peuvent s'élever.

LAVAL. — IMPRIMERIE L. BARNÉOUD ET Cie.

www.ingramcontent.com/pod-product-compliance
Ingram Content Group UK Ltd.
Pitfield, Milton Keynes, MK11 3LW, UK
UKHW022157190726
13855UKWH00004B/1516

9 782013 396271